Mª Isabel Sánchez Vegara

Pequeño **&GRANDE**
FEDERICO GARCÍA LORCA

ilustrado por
Alfonso Casas

ALBA

En un pueblecito de Granada
nació el pequeño Federico.
Le gustaba la vida de campo
a aquel niño culto y rico.

Tenía siete años cuando construyó un teatro de marionetas.
A Federico le encantaba recitar versos, tenía alma de poeta.

Un día su familia se mudó a Granada y, en contra de su voluntad,
Federico pasó de sentirse niño de campo a señorito de ciudad.

Allí disfrutó de grandes tertulias
junto a sus amigos intelectuales.
Pero escribía versos recordando
la tierra, los bichos y los animales.

Estudiando en Madrid conoció a Buñuel, a Dalí y a otros artistas.
Y consiguió publicar sus poemas en algunas ilustres revistas.

Sus palabras sabían a aceitunas y causaron tal sensación
que se convirtió en el poeta más famoso de su generación.

Pero Federico tenía dos caras, igual que la luna.
Y a veces se sentía más solo que la una.

Viajó a la ciudad de los rascacielos
y escribió *Poeta en Nueva York*.
Un libro lleno de versos grises,
de lo más triste y conmovedor.

Al volver a casa, Federico cruzó el país de orilla a orilla.
Creó una compañía para llevar el teatro a la gente sencilla.

En sus viajes le acompañaba
un gran amigo llamado Rafael.
Le dedicó unos sonetos de amor,
Federico se sentía muy unido a él.

Al poco estrenó sus obras de teatro con éxito en Argentina.
Sabía que contra la ignorancia la cultura es la mejor medicina.

Pero un día de vuelta a Granada,
nada más empezar la Guerra Civil,
a Federico se lo llevaron unos tipos
armados con escopeta y fusil.

Y nadie volvió a ver al pequeño Federico desde aquel día.
Pero él sigue vivo en sus versos, pues la vida es poesía.

FEDERICO GARCÍA LORCA

(Fuente Vaqueros, 1898 - Camino de Víznar a Alfacar, 1936)

c. 1904   1916

Federico nació en un pequeño pueblo granadino. Vivió una infancia feliz en el campo rodeado de su familia. Desde muy pequeño sintió fascinación por el teatro, los títeres y la música. A los once años, y con cierta pena, su familia se trasladó a vivir a la ciudad de Granada. Allí, el joven Federico entabló amistad con los intelectuales de la época que se reunían en la famosa tertulia «El Rinconcillo», en el café Alameda. En 1919 continuó sus estudios universitarios en la Residencia de Estudiantes de Madrid, donde conoció entre otros a Salvador Dalí, a Luis Buñuel y a Rafael Alberti. Publicó sus primeros poemas en revistas de prestigio y empezó a ganar popularidad con *Poemas del cante jondo* y *Romancero gitano.* En 1929 viajó Nueva

c. 1923

c. 1930

York donde escribió su famoso *Poeta en Nueva York*, una obra autobiográfica que reflejaba su tristeza y soledad. De vuelta en España, trabajó con entusiasmo en La Barraca, un grupo de teatro ambulante cuyo objetivo era llevar la cultura a los pueblos. Posteriormente, con el estreno de *Bodas de sangre* en Buenos Aires, fue invitado a viajar a Argentina, donde se representaron con gran éxito muchas de sus obras de teatro. En 1936 el ejército dio un golpe de Estado y Lorca, que era considerado una amenaza por el nuevo régimen, fue detenido y, tres días después, fusilado. Federico García Lorca siempre será recordado como el mejor poeta español contemporáneo y su muerte supuso un golpe durísimo para el mundo de las letras españolas.

Otros títulos de la colección

Coco Chanel

Frida Kahlo

Audrey Hepburn

Amelia Earhart

Agatha Christie

Marie Curie

Ella Fitzgerald

Dian Fossey

Gloria Fuertes

Ada Lovelace

Jane Austen

Georgia O'Keeffe

Anne Frank

Harriet Tubman

Teresa de Calcuta

Simone de Beauvoir

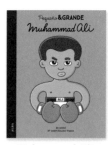

Muhammad Ali

Stephen Hawking

Carmen Amaya

Jane Goodall

David Bowie

Josephine Baker

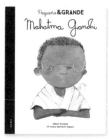

Mahatma Gandhi

L. M. Montgomery

Maria Montessori

Mi **PRIMER** Pequeña **&GRANDE** (Libros de cartón)

Coco   Frida   Audrey   Amelia   Agatha

Marie   Ella   Dian   Gloria   Ada

Jane   Teresa

© Mª Isabel Sánchez Vegara, 2019

© Ilustraciones: Alfonso Casas, 2019

Diseño de colección: Joel Dalmau

© de esta edición:
Alba Editorial, s.l.u.
Baixada de Sant Miquel, 1, 08002 Barcelona
www.albaeditorial.es

Primera edición: abril de 2019

ISBN: 978-84-9065-560-3
Depósito legal: B-6.871-2019
Impresión: Liberdúplex, s.l.
Ctra. BV 2241, km 7,4 Polígono Torrentfondo
08791 Sant Llorenç d'Hortons (Barcelona)

Créditos fotográficos (de izquierda a derecha)

Lorca a los 6 años [Dominio público] / Wikimedia Commons

El dramaturgo y poeta a los 18 años © Avalon

Benjamin Jarnes, Humberto Pérez de la Ossa, Luis Buñuel,
Rafael Barradas y Federico García Lorca en Madrid, 1923
© Alamy / Cordon Press

Lorca, hombre de letras, c. 1930 © Cordon Press

Impreso en España